AF359960

COURS ÉLÉMENTAIRE D'ESPERANTO

COURS ÉLÉMENTAIRE

D'ESPERANTO

PAR

E. DELIGNY

PROFESSEUR AU GROUPE ESPÉRANTISTE DE SAINT-OMER

AVANT-PROPOS

DE **M. Th. CART**

PROFESSEUR AGRÉGÉ DE L'UNIVERSITÉ

DIJON

IMPRIMERIE JOBARD

1904

AVANT-PROPOS

On s'étonnera peut-être que ce soit l'auteur de
l'*Esperanto en dix leçons* * publié dans la *Kolekto
aprobita*, qui présente au très bienveillant accueil des
élèves ce Cours élémentaire.

On aurait tort d'être surpris.

Sa conviction absolue, toujours affirmée, est que rien
ne saurait mieux servir la cause espérantiste — devant
l'intérêt de laquelle tout autre s'efface — qu'une
concurrence franche et loyale, pourvu qu'elle s'exerce
sur le solide terrain de la langue même de Zamenhof,
acceptée sans restriction et telle qu'on la trouve dans
les œuvres didactiques et littéraires du maître.

Ce n'est point, en effet, par un monopole, d'ailleurs
irréalisable, que se maintiendra cette unité de la langue, qui est une condition essentielle de la victoire,
mais bien, et uniquement, grâce à l'entente des gram-
mairiens et lexicographes et à la vigilance d'une presse
unie pour recommander tout ce qui est bon — tel ce
petit livre — et repousser sans hésitation toute œuvre
préconisant des modifications systématiques, forcé-
ment funestes aujourd'hui.

Si modeste qu'il soit d'apparence, ce *Cours élémentaire* contribuera au maintien de cette unité de langue

---

* Paris, Hachette et Cⁱᵉ, 0 fr. 75.

et sera d'un grand secours à la propagande en France, car les règles essentielles sont exposées d'une façon à la fois exacte et claire, les explications sont souvent neuves, sinon par le fond, du moins par une forme toute pratique, excellemment adaptée au public auquel on s'adresse *, les exercices enfin sont assez faciles et divers pour ne point rebuter des élèves, qui souvent ont un peu perdu l'habitude des exercices scolaires.

Ce manuel de M. Deligny aidera, sans aucun doute, à former de bons espérantistes : on peut lui accorder pleine confiance.

Th. CART.

Paris, 22 mars 1904.

---

* Nous tenons à dire ici que c'est de M. Cart lui-même que nous tenons le commentaire sur *sia* (Leçon 2e).   E. D.

COURS ÉLÉMENTAIRE
D'ESPERANTO

------ ·✳· ------

ALPHABET

Lettres	Valeur	Lettres	Valeur
a	â	*k*	k
b	b	*l*	l
c	ts	*m*	m
ĉ	tch	*n*	n
d	d	*o*	ô
e	é	*p*	p
f	f	*r*	r
g	g (dur)	*s*	s (sifflant)
ĝ	dj	*ŝ*	ch
h	h (aspiré)	*t*	t
ĥ	h (guttural)	*u*	ou
i	i	*ŭ*	ou (bref)
j	y	*v*	v
ĵ	j	*z*	z

Toutes les lettres se prononcent indépendamment les unes des autres.

Ex. : *trouzi* tro‑ou‑zi   *in* ine.
    foiro fo‑i‑ro   *en* éne.
    regno reg (*dur*)‑no   *em* éme.

Seules les semi-voyelles *j* (y) et *ŭ* (bref) forment

diphtongue avec la voyelle près de laquelle elles se trouvent.

Ex. : *jes* = yés
    kaj = caille } une seule syllable.
    laŭ = laou

ACCENT TONIQUE

L'accent tonique se place toujours sur l'avant-dernière syllabe.

Ex. : *patro, patrino, foiro.*

REMARQUE. — Nous ne saurions trop engager les débutants à s'habituer de bonne heure à une prononciation correcte et à l'accent tonique. Qu'ils ne craignent pas de faire de très nombreux exercices dans ce sens dès la première leçon.

Nous considérons qu'une bonne prononciation donne à l'Esperanto un cachet particulier et en fait une véritable langue, une langue élégante, sonore, harmonieuse. En outre, cette prononciation enlève à tous ceux qui parlent en Esperanto leur prononciation nationale ou régionale et les fait mieux comprendre des étrangers avec lesquels ils conversent.

PREMIÈRE LEÇON

Article. Substantif. Adjectif. Verbe (Infinitif et indicatif présent).

AFFIXES : *mal, in, et.*

ARTICLE

L'article défini est *la*, qui ne varie ni pour le genre, ni pour le nombre.

L'article indéfini *un, des,* ne se traduit pas.

SUBSTANTIF

Le substantif est caractérisé par la terminaison o.

Ex. : *la patro,* le père ; *la patrino,* la mère.

Le pluriel se forme par l'addition de la semi-voyelle *j* qui forme diphtongue avec la terminaison o *oj* (oïlle).

Ex. : *la patroj,* les pères ; *la patrinoj,* les mères.

ADJECTIF

L'adjectif est caractérisé par la terminaison *a.*

Ex. : *la bona patro,* le bon père ; *la bona patrino,* la bonne mère.

Il ne varie pas pour le genre, mais il prend le pluriel comme le substantif, par l'addition de la même semi-voyelle *j, aj* (aïlle).

Ex. : *la bonaj patroj,* les bons pères ; *la bonaj patrinoj,* les bonnes mères.

VERBE

Le verbe est terminé à l'infinitif par *i*.

Ex. : *ami*, aimer ; *esti*, être ; *montri*, montrer.

Chaque temps n'a qu'une terminaison immuable pour toutes les personnes du singulier et du pluriel, le pronom personnel (qui ne peut s'omettre) indiquant suffisamment la personne.

En Français, quand nous disons : *j'aime, tu aimes, il aime ; je vois, tu vois, il voit*, à l'oreille seul le pronom personnel nous indique la personne. Ce qui n'est qu'exceptionnel en Français, a été établi comme règle absolue en Esperanto.

L'indicatif présent est terminé par *as*.

Le pronom personnel de la première personne du singulier est *mi*, je.

Ex. : je suis, *mi estas*.
     le père et la mère aiment, *la patro kaj la patrino amas*.
     le fils court, *la filo kuras*.
     le coq chante, *la koko kantas*.

AFFIXES

L'Esperanto possède un certain nombre de racines dont il peut modifier le sens au moyen d'affixes (préfixes et suffixes) que nous étudierons successivement.

I. — Le préfixe *mal* indique toujours le contraire ; il renverse le sens du mot devant lequel il est placé.

En Français : heureux, malheureux ; honnête, malhonnête, etc.

Ex. : *granda*, grand ; *malgranda*, petit.
     bela, beau ; *malbela*, laid.
     bona, bon ; *malbona*, mauvais.

utila, utile ; *malutila,* nuisible.
amo, amour ; *malamo, haine.*

Ne pas confondre le sens de *mal* avec le sens négatif.
Ex. : *utila,* utile ; *neutila,* inutile ; *malutila,* nuisible.

II. — Le suffixe *in* forme le féminin.

On peut considérer en Esperanto trois genres :

Le masculin exclusivement réservé au sexe mâle ;
Le féminin exclusivement réservé au sexe femelle ;
Le neutre employé pour les choses et les êtres de sexe indéterminé.

Pour passer du masculin au féminin, on intercale *in* entre le radical et la caractéristique *o* du substantif.

En Français : héros, héroïne ; Joseph, Joséphine.
Ernest, Ernestine ; Philippe, Philippine.
races chevaline, porcine, caprine, etc.

Ex. : *patro,* père ; *patrino,* mère.
frato, frère ; *fratino,* sœur.
koko, coq ; *kokino,* poule.
bovo, bœuf ; *bovino,* vache.
ĉevalo, cheval ; *ĉevalino,* jument.

III. — Le suffixe *et* est un diminutif ; il rapetisse l'idée du mot qu'il termine.

En Français : chambre, chambrette ; fille, fillette.

Ex. : *ĉambro,* chambre ; *ĉambreto,* chambrette.
filino, fille ; *filineto,* fillette.
koko, coq ; *koketo,* petit coq.
ridi, rire ; *rideti,* sourire.
bela, beau ; *beleta,* gentil.

VERSION

La hotelo estas granda.
La karto estas blanka.

La infanoj estas saĝaj.
Gajaj infanoj kuras en la ĝardeno.
La tablo estas tre bela.
La etaĝo estas malgranda.
La biero estas bona.
La patro kaj la patrino estas bonaj.
La frato estas granda, kaj la fratino estas malgranda.
La filo estas bela, sed la filino estas malbela.
La laboro estas utila.
La koko kaj la kokino kantas.
La koketo estas ĝentila.
La rivero estas granda, la rivereto estas malgranda.
La ĉambreto estas beleta.

THÈME

L'enfant est beau.
La machine est prête.
Le courrier est à (dans) l'hôtel.
La soupe est très bonne.
Je suis content.
(De) belles fleurs sont dans le jardin.
Le vin est bon, la bière est mauvaise.
Le bon vin est utile, le mauvais vin est nuisible.
Le cousin et la cousine sont dans le jardin.
Le jeune fils est gentil.
La fillette est gentille.
Le serviteur et la servante sont vieux.
Le village est petit, la province est grande.
Le chat est bon, la chatte est méchante.

———

VOCABULAIRE

bière, *biero*.
blanc, *blanka*.
chat, *kato*.

content, *kontenta*.
courrier, *kuriero*.
cousin, *kuzo*.

dans, *en.*   mais, *sed*.
enfant, *infano.*   prêt, *preta*.
et, *kaj.*   province, *provinco*.
étage, *etaĝo.*   rivière, *rivero*.
fils, *filo.*   sage, *saĝa*.
fleur, *floro.*   serviteur, *servisto*.
gai, *gaja.*   soupe, *supo*.
hôtel, *hotelo.*   travail (labeur), *laboro*.
jardin, *ĝardeno.*   très, *tre*.
jeune, *juna.*   village, *vilaĝo*.
machine, *maŝino.*

DEUXIÈME LEÇON

Pronoms personnels et adjectifs possessifs. Accusatif. Interrogation.

Affixes : *bo, an, ist.*

PRONOMS PERSONNELS

Les pronoms personnels sont :

Sing. : *mi*, je,   Pluriel : *ni*, nous.
      vi, tu.   *vi*, vous.
      li, il (masculin).   *ili*, ils, elles (3 genres).
      ŝi, elle (féminin).
      ĝi, il, elle, cela (neutre).

Ainsi que nous le voyons, on ne tutoie pas en Esperanto, ou du moins très rarement (*ci* = tu).

Le pronom réfléchi est *si*, se, soi ; *on* se traduit
par *oni*.

ADJECTIFS POSSESSIFS

Les pronoms adjectifs possessifs se forment des

pronoms personnels par la simple addition de la
caractéristique *a* de l'adjectif.

mia, mon, le mien.   *nia*, notre, le nôtre.
via, ton, le tien.   *via*, votre, le vôtre.
lia,   *ilia*, leur, le leur.
ŝia,
ĝia,   } son, le sien.
sia,

Ces pronoms adjectifs suivent la règle des adjectifs,
c'est-à-dire qu'ils prennent aussi le pluriel.

Une remarque très importante est à faire au sujet de
l'adjectif réfléchi *sia* ; cet adjectif ne peut s'employer
pour traduire *son, sa, ses, leurs,* que *lorsque le possesseur est sujet du verbe de la proposition et que le possédé
n'est pas lui-même sujet d'un verbe exprimé ou sous-
entendu.*

Ex. : *il* est avec *ses* amis, *li estas kun* siaj *amikoj.*
    je le vois avec **ses** amis, *mi vidas lin kun* liaj
      amikoj.
    elle est avec *ses* amies, *ŝi estas kun* siaj *amikinoj.*
    je la vois avec **ses** amies, *mi vidas ŝin kun* ŝiaj
      amikinoj.
    ils sont avec *leurs* amis, *ili estas kun* siaj *amikoj.*
    le père vient, son fils aussi viendra, *la patro
      venos, lia filo ankaŭ venos.*
    elle est plus belle que sa sœur, *ŝi estas pli bela
      ol ŝia fratino (estas).*

Étudions encore quelques exemples :
    le père et son fils sont arrivés, *la patro kaj lia
      filo alvenis.*
    la mère et son fils sont arrivés, *la patrino kaj ŝia
      filo alvenis.*
    les parents et leur fils sont arrivés, *la gepatroj
      kaj ilia filo alvenis.*

Nous ne pouvons ici employer *sia*, puisque partout *filo* est un sujet, le second sujet du verbe arriver.

Nous dirons au contraire :

> *la patro alvenis kun sia filo.*
> *la patrino alvenis kun sia filo.*
> *la gepatroj alvenis kun sia filo.*

parce qu'ici le possesseur est sujet du verbe et que le possédé n'est pas sujet.

On voit que lorsque les conditions indiquées plus haut ne sont pas remplies, on traduit *son, sa, ses, leur*, par :

> *lia*, lorsque le possesseur est masculin ;
> *ŝia*, lorsque le possesseur est féminin ;
> *ĝia*, lorsque le possesseur est neutre ;
> *ilia*, lorsque le possesseur est pluriel.

ACCUSATIF

Lorsqu'on veut indiquer qu'un mot sert de complément direct à un verbe transitif, on lui ajoute la lettre *n*, cela s'appelle le mettre à l'*accusatif*.

Les noms, adjectifs et pronoms peuvent se mettre à l'accusatif.

Ex. : il écrit une longue lettre, *li skribas longan leteron.*
> je vois vos belles fleurs, *mi vidas viajn belajn florojn.*
> je la vois, *mi vidas ŝin.*

INTERROGATION

L'interrogation se marque au moyen de *ĉu*, est-ce que, ou par un pronom ou un adverbe interrogatif (que nous verrons plus loin).

Ex. : venez-vous avec moi ?   } *ĉu vi venas*
> est-ce que vous venez avec moi ? }   *kun mi ?*

AFFIXES

I. — Le préfixe *bo*, invariable, marque la parenté par mariage.

En Français : beau-père, beau-frère, beau-fils.

Ex. : *bopatro*, beau-père ; *bopatrino*, belle-mère.
  bofrato, beau-frère ; *bofratino*, belle-sœur.
  bofilo, beau-fils ; *bofilino*, belle-fille, bru.

II. — Le suffixe *an* désigne le partisan, l'habitant, le membre de...

En Français : pays*an*, partis*an*, parisi*en*, chréti*en*.

Ex. : *Kristo*, le Christ ; *kristano*, chrétien.
  Parizo, Paris ; *Parizano*, Parisien.
  grupo, groupe ; *grupano*, membre d'un groupe.
  societo, société ; *societano*, sociétaire.

III. — Le suffixe *ist* désigne celui qui s'occupe spécialement d'une chose, et par extension d'une profession.

En Français : spécial*iste*, flut*iste*, ében*iste*, dent*iste*.

Ex. : *Esperanto, esperantisto*, espérantiste.
  pordo, porte ; *pordisto*, concierge ; *pordistino*, concierge.
  kudri, coudre ; *kudristo*, couturier ; *kudristino*, couturière.
  servi, servir ; *servisto*, serviteur ; *servistino*, servante.

VERSION

Mi fermas la pordon.
Vi malfermas la fenestron.
Li skribas leteron.
Ni lavas niajn manojn.
Ĉu vi volas doni al mi la adreson de doktoro ?

Ĉu vi konas fotografiston ?
Mia bicikleto bezonas riparon.
Ĉu vi vidas la bofilinon kun ŝia bopatro ?
La bopatro estas kun sia filino.
La bofilino havas sian infanon.
Mi vidas lin kun lia bopatrino.
Mi vidas Parizanojn kun iliaj amikoj.
. La kudristino estas maljuna.
Mi vidas la hotelon kun ĝiaj belaj pordoj.
La societanoj de nia grupo estas gajaj kaj fidelaj.

THÈME

Je montre le jardin.
Tu vois une belle chambre.
Il désire un billet.
Nous avons notre place.
Prenez-vous une tasse de café ?
Ils préfèrent le thé et le chocolat.
Est-ce que votre beau-père est grand ?
Oui, mais ma belle-sœur est petite.
Je vois la belle-mère avec son fils.
La concierge ouvre la porte.
Les espérantistes espèrent le succès.
Le jeune cousin court avec ses petites cousines.
Les chrétiens aiment le Christ.
Les membres d'un groupe sont (des).....
La concierge parle sans cesse.

VOCABULAIRE

adresse, *adreso.*
aimer, *ami.*
ami, *amiko.*
avec, *kun.*

avoir, *havi.*
Avoir besoin de, *bezoni* (actif)
billet, *bileto.*
café, *kafo.*

chocolat, *ĉokolado*.
connaître, *koni*.
de (après un nom de mes. ou de quant.), *da*.
désirer, *deziri*.
docteur, *doktoro*.
donner, *doni*.
espérer, *esperi*.
fenêtre, *fenestro*.
fermer, *fermi*.
laver, *lavi*.
lettre *letero*.
main, *mano*.
mais, *sed*.
membre, *membro*.

montrer, *montri*.
oui, *jes*.
place, *placo*.
photographier, *fotografi*.
préférer, *preferi*.
prendre, *preni*.
réparation, *riparo*.
sans cesse, *senĉese*.
servir, *servi*.
société, *societo*.
succès, *sukceso*.
tasse, *taso*.
thé, *teo*.
vouloir, *voli*.

TROISIÈME LEÇON

Adverbes. Noms de nombre. Accusatif.

AFFIXES : *dis, aĵ, ec*.

ADVERBE

L'adverbe dérivé est caractérisé par la finale *e*.

Ex. : *bona*, bon ; *bone*, bien.

agrabla, agréable ; *agrable*, agréablement.

NOMS DE NOMBRE

Les nombres cardinaux, toujours invariables, sont :

1, *unu*.	7, *sep*.	20, *dudek*.
2, *du*.	8, *ok*.	30, *tridek*.
3, *tri*.	9, *naŭ*.	90, *naŭdek*.
4, *kvar*.	10, *dek*.	100, *cent*.
5, *kvin*.	11, *dek unu*.	1000, *mil*
6, *ses*.	12, *dek du*.	1912, *mil naŭcent dek du*.

De ces nombres on forme :

1o Des substantifs par la caractéristique *o* :
unuo, unité ; *dekduo*, douzaine ; *cento*, centaine.

2o Des adjectifs par la caractéristique *a* :
unua, premier ; *dua*, second ; *centa*, centième.

3o Des adverbes par la caractéristique *e* :
unue, premièrement ; *trie*, troisièmement.

4o Des nombres fractionnaires à l'aide du suffixe *on* :

Substantifs : *duono*, une moitié ; *triono*, un tiers ;
centono, un centième.

Adj. : *duona*, demi ; adv. : *duone*, à moitié.

5o Des multiplicatifs par le suffixe *obl* (en Français
dou*ble*, tri*ple*).

Substantifs : *duoblo*, le double ; *dekoblo*, le décuple ; *centoblo*, le centuple.

Adj. : *duobla*, double ; adv. : *centoble*, au centuple.

6o Des collectifs au moyen du suffixe *op*.
duope, à deux ; *kvarope*, à quatre.

ACCUSATIF

Nous avons vu dans la précédente leçon que le complément direct se mettait à l'accusatif (terminaison *n*).

On se sert encore de l'accusatif pour marquer :

1o La direction vers un lieu : l'adverbe lui-même
alors prend l'*n* :

mi iras Parizon, je vais à Paris.
kien vi iras ? où allez-vous ?

2o Le temps que dure une chose :
mi restas tri semajnojn, je reste trois semaines.

3o La mesure, la date, le prix :
longa tri metrojn, long de trois mètres.

la unuan de januaro, le premier janvier.
la dekduan de aprilo, le vingt-deux(ième) d'avril.
kokino kostas tri frankojn, une poule coûte 3 fr.

AFFIXES

I. — Le préfixe *dis*, çà et là, indique séparation, dispersion.

En Français : disperser, disséminer, distribuer.

Ex. : *semi*, semer ; *dissemi*, disséminer.
     doni, donner ; *disdoni*, distribuer.
     jeti, jeter ; *disjeti*, éparpiller.

II. — Le suffixe *aj*, désigne quelque chose fait de..., une chose ayant une qualité concrète, c'est-à-dire tombant sous les sens.

En Français : enfantillage, lainage.

Ex. : *infano*, enfant ; *infanajo*, enfantillage.
     mola, mou ; *molajo*, partie molle.
     amiko, ami ; *amikajo*, acte d'amitié.
     bovo, bœuf ; *bovajo*, du bœuf (viande).

III. — Le suffixe *ec* marque l'état, la qualité abstraite :

En Français : jeunesse, mollesse, vieillesse.

Ex. : *infano*, enfant ; *infaneco*, enfance.
     mola, mou ; *moleco*, mollesse.
     amiko, ami ; *amikeco*, amitié.

VERSION

La kudristino kudras bele.
La filino kantas agrable.
Kvar kaj tri estas sep.
Tridek kaj dudek estas kvindek.

Mi havas du dekduojn da leteroj.
Ĉu vi volas doni al mi unue paperon, due plumon ?
Dekoble tri estas tridek.
La duono de dek estas kvin.
Ili promenas ĉiam duope.
La ĉirkaŭajo de tiu kastelo estas agrabla.
La manĝaĵoj estas bone preparitaj.
Tiuj homoj diskuras.
La maljuneco estas malgaja.
Eifelturo estas alta tricent metrojn.
Tiu kastelo kostas centmil frankojn.

THÈME

Il chante très bien.
Ils se promènent gaiement.
8 et 9 font 17.
J'achète deux douzaines de chemises.
Voulez-vous porter premièrement un sac ?
8 fois 10 font 80.
La moitié de 20 est 10.
Le quart de 60 est 15.
Ils courent à trois.
Les environs de ce village sont beaux.
Aimez-vous ces mets ?
Ils éparpillent des papiers.
La jeunesse est gaie.
Ce pont est large de 20 mètres.
Le coq et la poule coûtent six francs.

VOCABULAIRE

acheter, *aĉeti.*
agréable, *agrabla.*
autour, *ĉirkaŭ.*
ce, *tiu.*
château, *kastelo.*
chemise, *ĉemizo.*
franc, *franko.*
haut (altitude), *alta.*

homme, *homo.*
large, *larĝa,*
mètre, *metro.*
papier, *papero.*
plume, *plumo.*
pont, *ponto.*
porter, *porti.*

préparé, *preparita.*
sac, *sako.*
toujours, *ĉiam.*
tour, *turo.*
très, *tre.*
village, *vilaĝo.*

QUATRIÈME LEÇON

Conjugaison.

AFFIXES : *re, ebla, inda, ema.*

CONJUGAISON

Nous avons vu (première leçon), que chaque temps n'a qu'une terminaison pour toutes les personnes du singulier et du pluriel, le pronom personnel indiquant suffisamment la personne.

Voici les terminaisons des temps simples, c'est-à-dire sans auxiliaire.

Infinitif : *i.*   Ex. : *kapti,* prendre, attraper (capture).

Indicatif présent : *as.*   *mi kaptas,* je prends.
Passé : *is.*   *li kaptis,* il prenait, il prit.
Futur : *os.*   *ni kaptos,* nous prendrons.
Conditionnel : *us.*   *ili kaptus,* ils prendraient.
Impératif-Subjonctif : *u.*   *(vi) kaptu,* prenez.

Outre ces six terminaisons verbales, nous avons six participes : trois à l'actif, trois au passif.

Les divers PARTICIPES d'un VERBE — Ex.: KAPTI (PRENDRE)
FUTUR O
ACTIF
KAPTONTA
PASSIF
KAPTOTA
MI ESTAS KAPTONTA
ĜI ESTAS KAPTOTA 
JE SUIS DEVANT PRENDRE
Je vais prendre
IL EST DEVANT ÊTRE PRIS
Il va être pris
Dessin de Albert Le Petit
PRÉSENT A
ACTIF
KAPTANTA
PASSIF
KAPTATA
MI ESTAS KAPTANTA
ĜI ESTAS KAPTATA 
JE SUIS PRENANT
Je prends
IL EST ÉTANT PRIS
Il est pris
PASSÉ I
ACTIF
KAPTINTA
PASSIF
KAPTITA
MI ESTAS KAPTINTA
ĜI ESTAS KAPTITA 
JE SUIS AYANT PRIS
J'ai pris
IL EST AYANT ÉTÉ PRIS
Il a été pris. Il est pris
Emprunté au Groupe Espérantiste de Boulogne

Actif : Participe présent : *kaptanta*, prenant.
            passé : *kaptinta*, ayant pris.
            futur : *kaptonta*, devant prendre.

Passif : Participe présent : *kaptata*, étant pris.
            passé : *kaptita*, ayant été pris.
            futur : *kaptota*, devant être pris.

Pour le sens exact et le rôle de ces participes, qu'on veuille bien se reporter au tableau ci-contre, ingénieusement combiné par le groupe de Boulogne, qui a bien voulu en autoriser la reproduction dans ce petit cours.

A remarquer la persistance des caractéristiques : *a, i, o.*

Présent : *a, mi kaptas, kaptanta, kaptata.*
Passé : *i, mi kaptis, kaptinta, kaptita.*
Futur : *o, mi kaptos, kaptonta, kaptota.*

La conjugaison passive est la combinaison de l'auxiliaire *esti* (seul auxiliaire en Esperanto) avec le participe *présent* passif (*ata*) si l'action exprimée dure encore, avec le participe *passé* passif (*ita*) si l'action est totalement terminée.

Ex. : *li estas amata de ĉiuj*, il est aimé de tous (l'action dure encore).
     la pordo estas fermita, la porte est fermée (l'action de fermer est terminée).
     la pordo estas fermata, signifierait : on ferme la porte.

La préposition *par* ou *de* qui précède le complément du verbe passif se traduit par *de*.

Ex. : la porte est fermée par moi, *la pordo estas fermita de mi.*

AFFIXES

I. — Le préfixe *re* indique répétition et par extension retour.

En Français : refaire,   reprendre,   revenir.
refari,   *repreni,*   *reveni.*

II. — Le suffixe *ebla* signifie : qui peut être...

En Français : vis*ible*, compréhens*ible*, croy*able*.

Ex. : visible, qui peut être vu, *videbla*.

compréhensible, qui peut être compris, *komprenebla*.

lisible, qui peut être lu, *legebla*.

croyable, qui peut être cru, *kredebla*.

L'étude de ce suffixe attire l'étude de deux autres dont le sens a une certaine analogie avec lui.

III. — *Inda* signifie : qui mérite d'être..., digne d'être...

Ex. : *vidinda*, qui mérite d'être vu.

leginda, qui mérite d'être lu.

kredinda, qui mérite d'être cru, digne de foi.

IV. — *Ema* marque le penchant et par extension l'habitude.

Ex. : *manĝi*, manger ; *manĝema*, gourmand.

venĝo, vengeance ; *venĝema*, vindicatif.

kolero, colère ; *kolerema*, irascible.

kredi, croire ; *kredema*, crédule.

———

VERSION

Ĉu vi vidis mian patron kaj mian fratinon ?
Se mi estus riĉa, mi ofte vojaĝus.
Morgaŭ mi venos ĉe vin por matenmanĝi.
Tiu infano ne estas saĝa, lia profesoro lin ofte punas.
Ĉu tiu kajero estas legebla ?
Jes, kaj ĉe la skribo estas sufiĉe bela.

Ĉu tiu libro estas leginda ?

Jes, kaj ankaŭ tre interesa.

Tiu provincano estis kolerema kaj venĝema.

Kiuj estas la vidindaĵoj de la provinco ?

La acideco de tiu frukto faras ĝin nemanĝebla.

La patrino amas sian filon pli ol la patro.

Tio ne estas kredebla, kaj mi, ne kredema, kredas ke vi ne estas kredinda.

Mia frato pli amas sian ĉevalon ol min.

THÈME

Lorsque j'étais malade, vous veniez me voir.

Cet homme a écrit un livre remarquable.

La langue Esperanto est merveilleusement facile.

Vous dites cela, mais cela n'est pas croyable.

Vous ne connaissez pas cette date, elle est pourtant mémorable.

Les hommes gourmands ne sont pas toujours heureux.

Est-ce que les fruits étaient mangeables ?

Non, ils étaient même très mauvais.

Si mon père était (serait) ici, je me promènerais avec lui.

Cet homme est connu de tous, il est très honorable.

Ce château était construit depuis longtemps.

Demain, je me promènerai avec mon père et ma sœur.

Irez-vous au (dans le) théâtre aujourd'hui ?

Non, car je suis indisposé.

Connaissiez-vous l'homme qui mourut hier ?

VOCABULAIRE

acide, *acida*.	assez, *sufiĉe*.
admirer, *admiri*.	aujourd'hui, *hodiaŭ*.

aussi, *ankaŭ*.
avec, *kun*.
cahier, *kajero*.
ce, cela, *tio*.
celui, *tiu*.
cheval, *ĉevalo*.
chez, *ĉe*.
construire, *konstrui*.
date, *dato*.
demain, *morĝaŭ*.
depuis, *de*.
dire, *diri*.
facile, *facila*.
fruit, *frukto*.
heureux, *feliĉa*.
honorer, *honori*.
intéresser, *interesi*.
langue (langage), *lingvo*.
langue (organe), *lango*.

lire, *legi*.
livre, *libro*.
longtemps, *longatempe*.
matin, *mateno*.
même (adv.), *eĉ*.
mémoire, *memoro*.
mourir, *morti*.
non, ne... pas, *ne*.
plus... que..., *pli... ol...*
bien portant, *sana*.
pourtant, *do*.
se promener, *promeni*.
punir, *puni*.
qui, lequel, *kiu*.
remarquer, *rimarki*.
riche, *riĉa*.
souvent, *ofte*.
théâtre, *teatro*.
voyager, *vojaĝi*.

CINQUIÈME LEÇON

Comparatif et Superlatif.

AFFIXES : *ek*, *id*, *ar*.

COMPARATIF

Le comparatif de l'adjectif et de l'adverbe se forme de la façon suivante :

plus... que... se traduit par *pli... ol...*
moins... que... se traduit par *malpli... ol...*
aussi... que... se traduit par *tiel... kiel* (comme)...

Ex. : il est plus grand que moi, *li estas pli granda ol mi.*
tu cours moins vite que lui, *vi kuras malpli rapide ol li.*
nous travaillons aussi bien que vous, *ni laboras tiel bone kiel vi.*

SUPERLATIF

Le superlatif relatif s'exprime par *la plej... el...*

Ex. : le plus haut des arbres, *la plej alta el la arboj.*

Quand il ne s'agit que de deux personnes ou de deux choses, on emploie *pli* (comparatif) au lieu de *la plej.*
Le superlatif absolu se traduit par *tre.*

Ex. : il est très bon, *li estas tre bona.*

L'expression le plus... possible se rend par *kiel eble plej...*

Ex. : le plus beau possible, *kiel eble plej bela.*
venez le plus vite possible, *vi venu kiel eble plej rapide.*

AFFIXES

I. — Le préfixe *ek* exprime le début d'un acte et par extension un acte de peu de durée ; il traduit très bien l'expression française : se mettre à...

Ex. : *ekkanti,* se mettre à chanter.
ekdormi, s'endormir.
ekkrii, s'écrier.
ekvidi, apercevoir.

II. — Le suffixe *id* indique la descendance, la progéniture.

Ex. : *koko,* coq ; *kokido,* poulet.
bovo, bœuf ; *bovido,* veau.
ĉevalo, cheval ; *ĉevalido,* poulain.
reĝo, roi ; *reĝidoj,* princes royaux.

III. — Le suffixe *ar* indique une réunion, une collection, un ensemble des choses exprimées par la racine.

En Français : formul*aire*, vocabul*aire*, lumin*aire*.

Ex.: *arbo*, arbre ; *arbaro*, forêt.
     vorto, mot ; *vortaro*, dictionnaire.
     homo, homme ; *homaro*, humanité.

VERSION

Ŝi estas pli bela ol ŝia fratino.
Tiu knabo estas tiel granda kiel lia kuzo.
Tiu ĉi ŝtono estas malpli peza ol tiu.
La patrino pli amas sian filinon ol sian filon.
Li havas malpli multajn plumojn ol la profesoro.
Vi estas la plej mallaborema el ĉiuj.
La vetero estas kiel eble plej bela.
La tasko estas kiel eble tiel bona.
Jen estas la plej alta el la arboj de l'arbaro.
Tiu vortaro estas sufiĉe plena.
La homaro ne estas perfekta.
Tuj kiam ŝi ekkantis, mi ekkriis : « Kian belan voĉon ! »
Mi ekvidas en la arbaro perdrikojn kaj perdrikidojn.
La reĝidoj alvenos morgaŭ en speciala vagonaro.
La Napoleonidoj ne plu loĝas en nia lando.

THÈME

Il est plus généreux que moi.
Vous êtes aussi grand que lui.
Il était aussi rusé qu'un renard.
Vous êtes moins raisonnable qu'un enfant.
Léon a plus de billes que moi, mais les miennes sont plus grosses.

L'aîné de ces deux frères est-il le plus âgé de la famille ?

Non, il a une sœur plus âgée que lui.

Vous avez moins de fraises que lui, mais vous avez beaucoup de fleurs.

Cet élève est le plus paresseux de la classe.

Ce pâté-ci est très bon, mais celui-là est encore meilleur.

Votre père est très malade, venez le plus tôt possible.

Le devoir de Jean est meilleur que celui de son frère.

Le coq se mit à chanter, la poule arriva avec ses poussins.

Nous aperçûmes dans le champ trois vaches et deux veaux.

Je lus ce livre et je m'endormis aussitôt après.

VOCABULAIRE

arriver, *alveni*.

aussitôt, *tuj*.

après (adv.), *poste*.

après (prép.), *post*.

bille, *globeto*.

celui-là, ce... ci, *tiu-ĉi*.

celui-ci, ce... là, *tiu*.

classe, *klaso*.

champ, *kampo*.

devoir, *tasko*.

enfant, *infano*.

famille, *familio*.

fleur, *floro*.

fraise, *frago*.

généreux, *malavara*.

gros, *dika*.

habiter, *loĝi*.

Jean, *Johano*.

Léon, *Leono*.

lourd, *peza*.

parfait, *perfekta*.

pâté, *pasteĉo*.

pays, *lando*.

perdrix, *perdriko*.

pierre, *ŝtono*.

quand, *kiam*.

quel, *kiu*.

renard, *vulpo*.

rusé, *ruza*.

raisonnable, *prudenta*.

spécial, *speciala*.   voici, *jen*.
tout, *ĉiu, ĉio*.   wagon, *vagono*.
temps (température), *vetero*.

SIXIÈME LEÇON

Prépositions. Composition des mots.

AFFIXES : *ge, ing, uj*.

PRÉPOSITIONS

Les prépositions sont en général suivies du nominatif, c'est-à-dire du nom terminé, soit par *o* (sing.), soit par *oj* (plur.). Toutefois, lorsqu'on veut indiquer qu'il y a mouvement vers un lieu, on met à l'accusatif (par *n*) le mot qui suit la préposition, par application de la règle donnée dans la troisième leçon.

> Ex. : mettez la lampe sur la table, *vi metu la lampon sur la tablon.*
> il va dans le jardin, *li iras en la ĝardenon.*

Les prépositions *al*, vers, et *ĝis*, jusqu'à, indiquant par essence le mouvement, ne demandent pas après elles l'accusatif.

> Ex. : portez-lui un livre, *portu libron al li.*
> allez jusqu'à cette maison, *vi iru ĝis tiu domo.*

Lorsqu'on ne trouve aucune préposition rendant exactement l'idée qu'on veut exprimer, on utilise la préposition générale *je*.

> Ex. : un vase plein de sable, *vazo plena je sablo.*
> à 5 heures (à la 5e heure), *je la kvina (horo).*

COMPOSITION DES MOTS

Nous avons vu jusqu'ici que l'Esperanto forme une quantité de nouveaux mots grâce à des préfixes et suffixes qui modifient le sens des racines.

L'Esperanto forme encore d'autres mots par la simple juxtaposition de deux (ou plusieurs) mots, en observant cette règle que le déterminant précède le déterminé.

> Ex. : *en*, dans ; *iri*, aller ; *eniri*, entrer.
> *el*, hors de ; *iri*, aller ; *eliri*, sortir.
> *fero*, fer ; *vojo*, chemin ; *fervojo*, chemin de fer.
> *akvo*, eau ; *falo*, chute ; *akvofalo*, chute d'eau, cascade.

Comme nous le voyons, la caractéristique qui termine le premier des mots employés (lorsque ce mot est un nom, terminé par conséquent par *o*), se supprime lorsque l'euphonie n'en souffre pas. Nous pouvons très bien prononcer *fervojo* au lieu de *ferovojo*, mais nous ne pourrions dire distinctement *akvfalo*.

AFFIXES

I. — Le préfixe *ge* réunit les sexes, le mot qui suit est donc au pluriel.

> Ex. : *patro*, père ; *gepatroj*, père et mère.
> *frato*, frère ; *gefratoj*, frère et sœur.
> *mastro*, maître de maison ; *gemastroj*, Monsieur et Madame.

II. — Le suffixe *ing* désigne un objet dans lequel s'introduit *un seul* autre objet.

> Ex. : *plumo*, plume ; *plumingo*, porte-plume.
> *kandelo*, chandelle ; *kandelingo*, chandelier.
> *cigaro*, cigare ; *cigaringo*, fume-cigare.

III. — Le suffixe *uj* désigne ce qui porte ou renferme une certaine quantité d'objets et même de personnes. Il pourra désigner aussi, par extension, les arbres (qui portent des fruits) et les contrées (qui renferment des habitants).

Ex. : *cigarujo,* étui à cigares.

    pomujo, pommier (on dit également *pomarbo*).

    Francujo, France (on dit également *Franclando*).

VERSION

Li eniris en la domon de sia najbaro.

Kie estas mia cigaringo? — Sur la kameno.

Kien mi devas ĝin meti? — Sur la tablon.

Li iris al sia patro kiu loĝas en la urbo.

Ĝis kie vi intencas iri? — Ĝis la domo de mia patro.

Je kioma horo li alvenos? — Je la duono de la dua.

Kioma horo estas? — Tri kvaronoj de la oka.

Venontan semajnon mi iros ĉe miajn gepatrojn.

Pri kiu vi ridas, sinjoro?

Miaj gepatroj eliris el la ĝardeno por promeni sur la kamparo.

Alportu al mi glason plenan je pura vino.

Kie estas mia fingringo? — En la kesteto.

Metu sur la tablon la kristalan oleujon.

La ĉielarko brilas nun belege.

Ni tagmanĝis kun niaj gefratoj ĉe maljuna kuzino.

THÈME

Portez mon livre sur la cheminée.

Après le déjeuner, nous irons nous promener dans les champs.

Nous souperons chez nos grands-parents.

Ne courez pas si vite, vous n'arriveriez pas jusqu'au but.

Où est l'eau dont cette cruche était pleine.

Donnez-moi la théière et la cafetière qui étaient dans l'armoire.

J'ai oublié mon porte-plume chez mes parents.

Les pommiers et les poiriers ont peu de fruits cette année.

La France est un des plus beaux pays du monde.

La soupière est sur la table, nous pouvons entrer.

Mon bureau (table à écrire) est fait de bois noir.

Le mari de la blanchisseuse est très malade.

Promenez-vous dans ces forêts, vous verrez de nombreuses et belles cascades.

Les oiseaux volent dans leur cage.

Ma cave est pleine de bouteilles d'excellent vin.

VOCABULAIRE

année, *jaro*.
armoire, *ŝranko*.
arc, *arko*.
arriver, *alveni*.
bois, *ligno*.
boîte, *kesto*.
bouteille, *botelo*.
briller, *brili*.
but, *celo*.
café, *kafo*.
cage, *kaĝo*.
cave, *kelo*.
champ, *kampo*.
cheminée, *kameno*.
chez, *ĉe*.
ciel, *ĉielo*.
cristal, *kristalo*.
cruche, *kruĉo*.
de (au sujet de), *pri*.

de (matière), *el*.
doigt, *fingro*.
grand-père, *avo*.
heure, *horo*.
huile, *oleo*.
intention, *intenco*.
jour, *tago*.
maintenant, *nun*.
maison, *domo*.
mari, *edzo*.
mettre, *meti*.
monde, *mondo*.
noir, *nigra*.
oiseau, *birdo*.
où, *kie*.
oublier, *forgesi*.
plein, *plena*.
poire, *piro*.
pouvoir, *povi*.

pur, *pura*.
quel (quantième), *kioma*.
rire, *ridi*.
semaine, *semajno*.
soupe, *supo*.
sur (prép.), *sur*.
table, *tablo*.

tomber, *fali*.
verre, *glaso*.
vin, *vino*.
vite, *rapide*.
voisin, *najbaro*.
voler (oiseau), *flugi*.

SEPTIÈME LEÇON

Adjectifs et pronoms déterminatifs.

Affixes : *eg, ad, ej, ar*.

ADJECTIFS ET PRONOMS DÉTERMINATIFS

ADJECTIFS ET PRONOMS	INDIVIDUALITÉ u	PRONOM NEUTRE o	QUALITÉ a	POSSESSION es
Interrogatifs et relatifs **k**	*kiu* qui, lequel	*kio* quoi	*kia* quel	*kies* de qui, à qui de quoi, dont
Indéfinis »	*iu* quelqu'un	*io* quelque chose	*ia* quelque	*ies* de, à quelqu'un
Démonstratifs **t**	*tiu* ce, celui	*tio* ce, cela	*tia* tel	*ties* d'un tel, à un tel
Distributifs et collectifs **ĉ**	*ĉiu* chacun	*ĉio* tout	*ĉia* chaque	*ĉies* de chacun, à chacun
Négatifs **nen**	*neniu* personne	*nenio* rien	*nenia* aucun, nul	*nenies* de, à personne

Comme moyen mnémonique, apprendre les adjectifs et pronoms de la première ligne : *kiu, kio, kia, kies.*

On les transforme en :

indéfinis en supprimant le *k*.
démonstratifs en changeant le *k* en *t*.
distributifs et collectifs en changeant le *k* en *ĉ*.
négatifs en changeant le *k* en *nen*.

AFFIXES

I. — Le suffixe *eg* augmente l'idée du substantif qu'il termine.

Il est l'inverse du diminutif *et* que nous avons étudié dans la première leçon.

Ex. : *bela*, beau ; *belega*, superbe.
ridi, rire ; *ridegi*, rire aux éclats.
pluvo, pluie ; *pluvego*, averse.

II. — Le suffixe *ad* indique une action prolongée ou répétée, comme en Français dans les mots : fusillade, bravade, canonnade.

Ex. : *pafo*, coup de fusil ; *pafado*, fusillade.
parolo, parole ; *parolado*, discours, conférence.

III. — Le suffixe *ej* indique le lieu affecté à...

Ex. : *kuiri*, cuire ; *kuirejo*, cuisine.
lerni, apprendre ; *lernejo*, école.
preĝi, prier ; *preĝejo*, église.
juĝi, juger ; *juĝejo*, tribunal.

IV. — Le suffixe *er* indique une unité partielle, un élément, un fragment.

Ex. : *mono*, argent monnayé ; *monero*, pièce de monnaie.
sablo, sable ; *sablero*, grain de sable.
greno, blé ; *grenero*, grain de blé.
fajro, feu ; *fajrero*, étincelle.

VERSION

Mi eniris en la poŝtan oficejon por aĉeti poŝtmarkojn.

Fumado malhelpas la kreskadon de infanoj.

Sinjoro B... faris en nia urbo belegan paroladon pri Esperanto.

Ili ridegis kaj kantegis tiel bruege, ke mi ne povis labori.

Tiu malbonega homo frapis sian amikon per bastonego.

Kia pluvego! Mi ne povos promeni hodiaŭ.

Estus malfacile kalkuli, kiom da greneroj estas en unu litro da greno.

La vento movas amason da sablo, kies sableroj eniras en miajn okulojn.

Iu venis, kion mi ne konas.

Mi neniun kaj nenion vidis en la preĝejo.

Kian rozon vi preferas? Blankan aŭ ruĝan?

Tiu-ĉi floro estas bela, sed tiu estas belega.

Kelkaj fajreroj estis sufiĉaj por ekbruligi tiun fajregon.

THÈME

Est-ce que la fumée de mon cigare vous gêne?

Quel vacarme! On ne s'entend plus.

Vous osez vous promener la nuit dans les sentiers de la forêt?

Oui, mais je porte toujours un gourdin.

Allez à l'école et travaillez convenablement.

A qui est ce superbe livre?

A personne de nous, mais chacun voudrait l'avoir.

Que montrez-vous à votre voisin? Quelque chose (de) beau.

Qui dois-je récompenser? Personne.

Avez-vous beaucoup d'argent ? Non, quelques pièces de monnaie seulement.

Quel livre voulez-vous ? Celui-ci ou celui-là ?

Ce que vous dites m'étonne.

La danse est un plaisir très agréable.

Quelle danse préférez-vous ?

La cuisinière est dans la cuisine avec la femme de chambre.

VOCABULAIRE

acheter, *aĉeti*.
agréable, *agrabla*.
aider, *helpi*.
amas, *amaso*.
arbre, *arbo*.
apprendre, *lerni*.
argent, *mono*.
aujourd'hui, *hodiaŭ*.
avoir, *havi*.
bâton, *bastono*.
beaucoup, *multe*.
blé, *greno*.
bruit, *bruo*.
brûler, *bruli*.
calculer, *kalkuli*.
chemin, *vojo*.
connaître, *koni*.
convenable, *konvena*.
croître, *kreski*.
cuire, *kuiri*.
danse, *danco*.
de (provenance), *el*.
emploi, *ofico*.
entendre, *aŭdi*.

étonner, *mirigi*.
feu, *fajro*.
frapper, *frapi*.
fumée, *fumo*.
livre, *libro*.
mouvoir, *movi*.
ne... plus, *ne... plu*.
non, *ne*.
nuit, *nokto*.
œil, *okulo*.
oser, *maltimi*.
parler, *paroli*.
pluie, *pluvo*.
poste, *poŝto*.
préférer, *preferi*.
prier, *preĝi*.
porter, *porti*.
quelque, *kelka*.
récompenser, *rekompenci*.
rose, *rozo*.
rouge, *ruĝa*.
seulement, *nur*.
timbre, *marko, signo*.
vouloir, *voli*.

HUITIÈME LEÇON

Adverbes conjonctifs.

Affixes : *ig, iĝ*.

ADVERBES	LIEU e	TEMPS am	MANIÈRE el	CAUSE al	QUANTITÉ om
Interrogatifs et relatifs **k**	*kie* où	*kiam* quand	*kiel* comme, comment	*kial* pourquoi	*kiom* combien
Indéfinis »	*ie* quelque part	*iam* un jour	*iel* d'une façon quelconque	*ial* pour une raison quelconque	*iom* quelque peu
Démonstratifs **t**	*tie* là	*tiam* alors	*tiel* ainsi	*tial* c'est pourquoi	*tiom* autant
Distributifs et collectifs **ĉ**	*ĉie* partout	*ĉiam* toujours	*ĉiel* de toute façon	*ĉial* pour toutes raisons	*ĉiom* le tout
Négatifs **nen**	*nenie* nulle part	*neniam* jamais	*neniel* en aucune façon	*nenial* pour aucune raison	*neniom* rien du tout

ADVERBES CONJONCTIFS

Comme moyen mnémonique, apprendre les adverbes de la première ligne : *kie, kiam, kiel, kial* et *kiom* et les transformer de la même façon que nous l'avons fait dans la précédente leçon avec les adjectifs et pronoms déterminatifs.

Certains groupes espérantistes ont adopté, et avec grand succès, une autre manière d'apprendre en bloc les adjectifs-pronoms déterminatifs et les adverbes conjonctifs ; nous l'indiquons ici en nous servant, comme précédemment, de la formule interrogative-relative *ki...*

Remarquons, en suivant : 1º l'ordre alphabétique des voyelles ; 2º l'ordre alphabétique des consonnes qui viennent après, que nous y ajoutons par nombre décroissant :

Trois fois *a* (*kia, kial, kiam*) ; trois fois *e* (*kie, kiel, kies*) ; deux fois *o* (*kio, kiom*) ; une fois *u* (*kiu*).

Nous avons donc le tableau suivant que nous transformerons comme précédemment en supprimant *k* ou en le remplaçant successivement par *l, ĉ, nen*.

3 FOIS **a**		
a espèce	*al* cause	*am* temps
3 FOIS **e**		
e lieu	*el* manière	*es* possession
2 FOIS **o**		1 FOIS **u**
o pronom neutre	*om* quantité	*u* individualité

AFFIXES

Les suffixes *ig*, faire, et *iĝ*, se faire, devenir, sont de beaucoup les plus usités en Esperanto ; ils s'allient aux substantifs, adjectifs, noms de nombre, verbes, adverbes, prépositions et forment ainsi une quantité énorme de mots nouveaux.

> Ex. : *bona*, bon : *bonigi*, bonifier ; d'où *bonigo, boniga, bonige ; boniĝi*, se bonifier, d'où *boniĝo, boniĝa, boniĝe.*

Nous pouvons préfixer *mal* : *malbonigi, malbonigo*, etc.
> *re : rebonigi, rebonigo*, etc.
> *forta*, fort : *fortigi, fortiĝi, refortigi, malfortigi*, etc.
> *saĝa*, sage : *saĝigi, saĝiĝi, saĝigo, resaĝiĝi, malsaĝiĝi*, etc.

Racine verbale : *morti*, mourir ; *mortigi*, faire mourir, tuer ; *mortigo, mortiga*, etc.
> *scii*, savoir ; *sciigi*, faire savoir, informer ; *sciigo, sciiga*, etc.

Racine substantive : *fianĉo*, fiancé ; *fianĉigi*, fiancer ; *fianĉiĝi*, se fiancer ; *fianĉigo*, etc.
> *edzo*, époux ; *edzigi*, marier ; *edziĝi*, se marier ; *edziĝo*, etc.

Autres racines : *unu*, un : *unuigi*, unifier ; *unuigo, unuiĝo*, etc.
> *en*, dans : *enigi*, faire entrer ; *enigo*, etc.
> *el*, hors de : *eligi*, faire sortir ; *eligo*, etc.
> *al*, vers : *aliĝi*, adhérer ; *aliĝo*, etc.
> *sen*, sans : *senigi*, dépouiller ; *senigo*, etc.
> *kun*, avec : *kunigi*, unir ; *kuniĝi*, s'unir, etc.

Ainsi qu'on le voit, le suffixe *iĝ* traduit souvent nos verbes accidentellement pronominaux, dont le sens est « devenir tel ou tel ».

> Ex. : *boniĝi*, devenir bon, se modifier.
> *fortiĝi*, devenir fort, se fortifier.

VERSION

Mi neniel vidis tiel interesan libron !
Ĉie kaj ĉiam Esperantistoj estas amikoj.
Ĉu vi iam renkontis feinon ?
Kial vi jam malkuraĝiĝas ?
Ĉar mi ne povas klarigi tiun taskon.
Kiom da tempo vi pasigis ? — Pli ol du horoj.
Kiam vi venos ĉe nin ? — Morgaŭ.
Tiam mi donis al li iom da mono.
Kiel vi fartas hodiaŭ ? — Tre bone.
La tempo rapide pasas, uzu ĝin bone.
Per la varmo la metaloj fluidiĝas.
Pendigu vian ĉapelon je l'fenestro.
Li mortigis multe da malamikoj.
Viaj manoj estas malpuraj, purigu ilin.
Li rapide senvestiĝis kaj kuŝiĝis.

THÈME

J'ai lu quelque part ce beau conte.
Où avez-vous sali ainsi vos mains ?
Apprêtez-moi mes vêtements, j'ai besoin de sortir.
Le temps se réchauffe, la glace se liquéfie.
Cent sociétaires ont adhéré à notre groupe.
Avez-vous passé le temps agréablement pendant les vacances ?
Votre père était malade hier ; comment se porte-t-il aujourd'hui ?
Pourquoi lui avez-vous donné tant d'argent ?
Je ne lui ai donné que peu d'argent.
Nettoyez cette chambre, il y a partout des saletés.
Je lui ai expliqué le devoir ; alors seulement il l'a compris.
Où allez-vous ? Ici ou là ?

Combien de poires lui donnerai-je ? — Donnez-lui le tout.

Vous lui ferez savoir cette bonne nouvelle.

Il était malade, mais il est redevenu bien portant.

VOCABULAIRE

agréable, *agrabla.*
avoir besoin de, *bezoni* (actif).
chaud, *varma.*
chapeau, *ĉapelo.*
clair, *klara.*
comprendre, *kompreni.*
conte, *fabelo.*
coucher (neutre), *kuŝi.*
courage, *kuraĝo.*
demain, *morgaŭ.*
fée, *feino.*
fenêtre, *fenestro.*
glace, *glacio.*
il y a, *estas.*
intéressant, *interesa.*

liquide (adj.), *fluida.*
main, *mano.*
métal, *metalo.*
mourir, *morti.*
nouvelle, *novaĵo.*
passer (neutre), *pasi.*
pendre (être suspendu), *pendi.*
se porter, *farti.*
prêt, *preta.*
propre, *pura.*
rencontrer, *renkonti.*
seulement, *nur.*
utiliser, *uzi.*
vacances, *libertempo.*
vêtement, *vesto.*

NEUVIÈME LEÇON

Conjonctions et emploi des modes. Construction.

AFFIXES : *estr*, *il*, *ul.*

CONJONCTIONS ET EMPLOI DES MODES

Les conjonctions demandent après elles les modes suivants :

1º L'indicatif quand le fait est présenté comme certain.

Ex. : quoique le temps soit mauvais, *kvankam la vetero estas malbela.*

2º Le conditionnel, quand il y a supposition ou condition.

En conséquence, la conjonction française *si*, suivie d'un imparfait, se traduit par *se* suivi du conditionnel.

Ex. : si le temps était beau, *se la vetero estus bela.*

3º Le subjonctif, s'il y a une idée de cause, de but.

Donc, la conjonction *por ke*, pour que, sera régulièrement suivie du subjonctif.

Ex. : pour qu'il soit sage, *por ke li estu saĝa.*

Les conjonctions *antaŭ ol*, avant de ; *anstataŭ*, au lieu de ; *por*, pour ; veulent après elles l'infinitif.

Ex. : avant de sortir, *antaŭ ol eliri.*
au lieu de travailler, *anstataŭ labori.*
pour dire vrai, *por diri la veron.*

CONSTRUCTION

Pour la construction en Esperanto, les Français peuvent se conformer à l'usage de leur propre langue, mais l'emploi de l'accusatif donne à la phrase beaucoup plus de liberté et de souplesse en permettant l'inversion.

Toutes les propositions doivent être séparées par un signe de ponctuation.

Ex. : je lui ai donné un livre, *mi donis libron al li ;* ou tout aussi correctement : *libron mi donis al li.*

AFFIXES

I. — Le suffixe *estr(o)* indique le maître, le chef, le directeur.

Ex. : *urbo*, ville ; *urbestro*, maire.
  lernejo, école ; *lernejestro*, maître d'école.
  ŝipo, vaisseau ; *ŝipestro*, capitaine de vaisseau.

II. — Le suffixe *il(o)* désigne l'instrument, l'outil.

Ex. : *haki*, hacher ; *hakilo*, hache.
  kombi, peigner ; *kombilo*, peigne.
  tondi, tondre ; *tondilo*, ciseaux.
  tranĉi, couper ; *tranĉilo*, couteau.

III. — Le suffixe *ul(o)* désigne un être vivant caracté-risé par la racine.

Ex. : *juna*, jeune ; *junulo*, jeune homme ; *maljunulo*,
  vieillard.
  riĉa, riche ; *riĉulo*, un riche ; *malriĉulo*, un
  pauvre.
  avara, avare ; *avarulo*, un avare ; *malavarulo*,
  un prodigue.
  saĝa, sage ; *saĝulo*, un sage ; *malsaĝulo*, un
  insensé.

Ce suffixe sert en général à transformer un adjectif en substantif.

VERSION

Elkorkigu tiun botelon per tiu korktirilo.
Per tiu tondilo, mi tondis tiun herbajeton.
Timulo ! vi timas iri domen dum la nokto !
Tiu malriĉulino petis de mi almozon.
La imperiestro de Rusujo venis en Francujon.
La policestro kunigis la policanojn.
Kvankam vi estas malsaneta, vi devas tamen pro-meni.
Se la vetero estus bela, mi irus vin viziti.
Anstataŭ labori, li sin amuzas.
Dirante la veron, mi havas nenion por fari.

La malsaĝulo ne volonte aŭskultas konsilojn.
Ĉu vi aŭdis paroli pri la sep Saĝuloj de Grekujo ?
Mi legis hodiaŭ « la Avarulon » de Moliere.
Per tiu hakilo mi dehakis branĉetojn de tiu arbo.
Mi ne povas eniri, la pordo estas ŝlosita.

THÈME

Quoique le temps soit beau, je ne sortirai pas aujourd'hui.

Si tu venais chez nous, tu aurais du plaisir.

Pour que cet enfant ne soit pas méchant, donnez-lui du sucre.

Avant de vous promettre cela, je veux réfléchir.

Je voudrais couper cette viande, mais mon couteau n'est pas suffisamment aiguisé.

Ce malheureux jeune homme est très malade.

Cet avare a perdu son argent, personne (ne) le plaint.

J'ai acheté une paire de patins, je les utiliserai l'hiver.

Les riches ne sont pas toujours heureux.

J'ai perdu ma clef, je ne puis rentrer chez moi.

Intruisez-vous, grands de la terre !

Venez-vous voir juger ce criminel ?

Qu'étudiez-vous ? Les annelés et les vertébrés.

Donnez-moi le tire-bouchon pour ouvrir cette bouteille.

VOCABULAIRE

aiguisé, *akra.*
amuser, *amuzi.*
anneau, *ringo.*
aumône, *almozo.*
bouchon, *korko.*
bouteille, *botelo.*

branche, *branĉo.*
conseil, *konsilo.*
craindre, *timi.*
crime, *krimo.*
demander, *peti.*
écouter, *aŭskulti.*

empire, *imperio.*
entendre, *aŭdi.*
étudier, *lerni.*
fermer (à clef), *ŝlosi.*
glisser, *gliti.*
herbe, *herbo.*
hiver, *vintro.*
instruire, *instrui.*
maison, *domo.*
nuit, *nokto.*
paire, *paro.*
perdre, *perdi.*

plaisir, *plezuro.*
plaindre, *kompati al.*
police, *polico.*
promettre, *promesi.*
réfléchir, *pripensi.*
sucre, *sukero.*
terre, *tero.*
tirer, *tiri.*
venir, *veni.*
vertèbre, *vertebro.*
volontiers, *volonte.*

DIXIÈME LEÇON

Temps composés de l'actif. Participes-adverbes.

Affixes : *ĉj, nj, moŝto.*

TEMPS COMPOSÉS DE L'ACTIF

Pour former les temps composés de l'actif, on se sert du participe *passé actif* (*inta*) du verbe que l'on conjugue, et au lieu de l'auxiliaire *avoir* qui n'existe pas en Esperanto, on utilise les mêmes temps de l'auxiliaire être.

Passé indéfini : j'ai aimé = je suis ayant aimé, *mi estas aminta.*

Plus-que-parfait : tu avais aimé = tu étais ayant aimé, *vi estis aminta.*

Futur antérieur : il aura aimé = il sera ayant aimé, *li estos aminta.*

Conditionnel passé : nous aurions aimé = nous serions ayant aimé, *ni estus amintaj.*

Imparfait du subjonctif : qu'ils aient aimé $=$ qu'ils soient ayant aimé, *ke ili estu amintaj.*

REMARQUE. — Le participe se met au pluriel quand le sujet est au pluriel.

PARTICIPES-ADVERBES

Nous avons vu jusqu'ici les divers participes terminés par la caractéristique *a* de l'adjectif ; d'une façon générale nous traduirons ainsi par les participes-adjectifs ceux qui sont directement accolés au mot qu'ils déterminent et plus spécialement ceux que la grammaire française nomme adjectifs-verbaux, c'est-à-dire des participes qui indiquent un état.

 Ex. : *la serpento deloganta la birdon*, le serpent charmant l'oiseau.

 ĉeestantaj personoj, des personnes présentes.

Quand le participe indiquant une action forme une sorte de proposition participe, il prend généralement en Esperanto la forme adverbiale *e*, au lieu de la forme adjective *a* qu'on peut cependant employer.

 Ex. : *kantante, ŝi ĉarmas nin,* en chantant, elle nous charme.

 ricevinte almozon, li nin dankis, ayant reçu une aumône, il nous remercia.

Les adjectifs formant avec le verbe *être* des verbes impersonnels prennent nécessairement la forme adverbiale.

 Ex. : il serait beau que..., *estus bele ke...*

 il est nécessaire que..., *estas necese ke...*

AFFIXES

Deux semi-syllabes, d'origine russe, servent à former des diminutifs de caresse pour les noms propres. Ce sont :

I. — *Ĉj* pour le masculin : *Petro*, Pierre, *Peĉjo*.
  Ernesto, Ernest, *Erĉjo.*

II. — *Nj* pour le féminin : *Mario*, Marie, *Manjo*.
  Sofio, Sophie, *Sonjo.*

III. — *Moŝto* est un titre de politesse qui s'emploie avec l'adjectif indiquant la qualité du personnage.

Ex. : *via grafa moŝto*, Monsieur le comte (*grafo*, comte).
  lia reĝa moŝto, Sa Majesté Royale (*reĝo*, roi).

VERSION

Ĉiuj ĉeestantaj personoj lin tre gratulis.
Estus bele, ke mi devus obei al tia malsaĝulo !
Irinte por lin vidi, mi trovis lin mortinta.
Via dukina Moŝto permesu, ke mi prezentu al ŝi miajn respektplenajn salutojn.
Ricevinte leteron, li tuj foriris al sia patro.
Sonjo, ne faru tian bruon ; vi scias, ke via panjo (patrino) estas malsana, kaj ke ŝi dormas.
Peĉjo estis malsana, sed li estas nun sana.
Estus necese, ke vi ne foriru antaŭ venonta semajno.
Se mi estus certa, ke mi vin renkontus, mi irus postmorgaŭ en vian hotelon.
Estas konvene, ke vi atendu lin en la stacidomo.
Leganto tiun libron, mi havis multe da plezuro.
Tiu profesoro ĉarmis, per sia parolado, la ĉeestantajn personojn.

THÈME

Si vous aviez fini ce travail, vous pourriez sortir.
J'avais déjà écrit cette lettre avant votre arrivée.
Pour qu'ils aient mérité une récompense, il faudrait qu'ils eussent fini leur devoir.

L'eau courante ne se corrompt pas.
En courant, je suis tombé et me suis blessé.
Sa Majesté Royale Léopold de Belgique.
Il faut que vous veniez le voir avec moi.
Si j'avais su cela, je vous aurais écrit plus tôt.
Monsieur le comte visitera-t-il le château ?
En allant à Paris, j'ai l'intention d'aller souvent au théâtre.

Avant de faire ce projet, il faudrait savoir si votre santé vous permettra de faire ce voyage.

La semaine passée, je serais allé voir mon grand-père, s'il n'avait pas été indisposé.

VOCABULAIRE

blesser, *vundi.*
charmer, *ĉarmi.*
chasser, *ĉasi.*
château, *kastelo.*
chien, *hundo.*
courir (liquide), *flui.*
corrompu, *putra.*
duc, *duko.*
féliciter, *gratuli.*
gare, *stacidomo.*
grand-père, *avo.*
loin de, *for.*
mériter, *meriti.*

obéir, *obei.*
permettre, *permesi.*
présenter, *prezenti.*
projet, *projekto.*
récompense, *rekompenco.*
rencontrer, *renkonti.*
respect, *respekto.*
salut, *saluto.*
semaine, *semajno.*
théâtre, *teatro.*
tomber, *fali.*
trouver, *trovi.*
voyage, *vojaĝo.*

VOCABULAIRE

PREMIERE PARTIE

Français - Esperanto

A

acide, *acida*.
acheter, *aĉeti*.
admirer, *admiri*.
adresse, *adreso*.
agréable, *agrabla*.
aider, *helpi*.
aiguisé, *akra*.
aimer, *ami*.
ami, *amiko*.
amuser, *amuzi*.
anneau, *ringo*.
année, *jaro*.
apprendre, *lerni*.
après, *post, poste*.
arbre, *arbo*.
arc, *arko*.
argent (monnaie), *mono*.
armoire, *ŝranko*.
arriver, *alveni*.
assez, *sufiĉe*.
aujourd'hui, *hodiaŭ*.

aumône, *almozo*.
aussi, *ankaŭ*.
aussitôt, *tuj*.
autour, *ĉirkaŭ*.
avec, *kun*.
avoir, *havi*.
avoir besoin de, *bezoni*.

B

bâton, *bastono*.
beau, *bela*.
beaucoup, *multe*.
besoin, *bezono*.
bière, *biero*.
bille, *globeto*.
billet, *bileto*.
blanc, *blanka*.
blé, *greno*.
blesser, *vundi*.
bois (matière), *ligno*.
boîte, *kesto*.
bon, *bona*.
bouchon, *korko*.

bouteille, *botelo.*
branche, *branĉo.*
briller, *brili.*
bruit, *bruo.*
brûler, *bruli.*
but, *celo.*

C

café, *kafo.*
cage, *kaĝo.*
cahier, *kajero.*
calculer, *kalkuli.*
carte, *karto.*
cave, *kelo.*
celui, celui-là, *tiu.*
celui-ci, *tiu-ĉi.*
chambre, *ĉambro.*
champ, *kampo.*
chanter, *kanti.*
chapeau, *ĉapelo.*
charmer, *ĉarmi.*
chasser, *ĉasi.*
chat, *kato.*
château, *kastelo.*
chaud, *varma.*
chemin, *vojo.*
cheminée, *kameno.*
chemise, *ĉemizo.*
cheval, *ĉevalo.*
chez, *ĉe, apud.*
chien, *hundo.*
chocolat, *ĉokolado.*
ciel, *ĉielo.*

cigare, *cigaro.*
clair, *klara.*
classe, *klaso.*
colère, *kolero.*
comprendre, *kompreni.*
connaître, *koni.*
conseil, *konsilo.*
construire, *konstrui.*
conte, *fabelo.*
content, *kontenta.*
convenable, *konvena.*
coq, *koko.*
corrompu, *putra.*
coucher, *kuŝi* (neutre).
coudre, *kudri.*
courage, *kuraĝo.*
courrier, *kuriero.*
courir, *kuri.*
courir (liquide), *flui.*
cousin, *kuzo.*
coûter, *kosti.*

D

dans, *en.*
danse, *danco.*
date, *dato.*
de (provenance), *de.*
de (sortie), *el.*
de (au sujet de), *pri.*
de (après un mot de quantité), *da.*
demain, *morgaŭ.*
demander, *peti.*
depuis, *de.*

désirer, *deziri.*
devoir (verbe), *devi.*
devoir (tâche), *tasko.*
dire, *diri.*
docteur, *doktoro.*
doigt, *fingro.*
donner, *doni.*
duc, *duko.*

E

eau, *akvo.*
écouter, *aŭskulti.*
écrire, *skribi.*
empire, *imperio.*
emploi, *ofico.*
enfant, *infano.*
entendre, *aŭdi.*
espérer, *esperi.*
et, *kaj.*
étage, *etaĝo.*
étonner, *mirigi.*
être, *esti.*
étudier, *lerni.*

F

facile, *facila.*
faire, *fari.*
famille, *familio.*
fée, *feino.*
féliciter, *gratuli.*
fenêtre, *fenestro.*
fermer, *fermi.*
fermer à clef, *ŝlosi.*

feu, *fajro.*
fils, *filo.*
fleur, *floro.*
fraise, *frago.*
franc (monnaie), *franko.*
frapper, *frapi.*
frère, *frato.*
fruit, *frukto.*
fumée, *fumo.*

G

gai, *gaja.*
gare, *stacidomo.*
généreux, *malavara.*
glace, *glacio.*
glisser, *gliti.*
grand, *granda.*
grand-père, *avo.*
gros, *dika.*
groupe, *grupo.*

H

habiter, *loĝi.*
haut, *alta.*
heure, *horo.*
heureux, *feliĉa.*
hiver, *vintro.*
homme, *homo.*
honorer, *honori.*
hôtel, *hotelo.*
huile, *oleo.*

I

instruire, *instrui*.
intention, *intenco*.
intéresser, *interesi*.

J

jardin, *ĝardeno*.
Jean, *Johano*.
jeter, *ĵeti*.
jeune, *juna*.
jour, *tago*.

L

langue (organe), *lango*.
langue (langage), *lingvo*.
large, *larĝa*.
laver, *lavi*.
Léon, *Leono*.
lettre, *letero*.
liquide, *fluida*.
lire, *legi*.
livre, *libro*.
loin de, *for*.
longtemps, *longatempe*.
lourd, *peza*.

M

machine, *maŝino*.
main, *mano*.
maintenant, *nun*.
mais, *sed*.
maison, *domo*.

manger, *manĝi*.
mari, *edzo*.
matin, *mateno*.
membre, *membro*.
même (adv.), *eĉ*.
mémoire, *memoro*.
mériter, *meriti*.
métal, *metalo*.
mètre, *metro*.
mettre, *meti*.
monde, *mondo*.
montrer, *montri*.
mourir, *morti*.
mouvoir, *movi*.

N

ne... plus, *ne... plu*.
noir, *nigra*.
non, *ne*.
nouvelle, *novajo*.
nuit, *nokto*.

O

obéir, *obei*.
œil, *okulo*.
oiseau, *birdo*.
oser, *maltimi*.
où, *kie*.
oublier, *forgesi*.
oui, *jes*.

P

paire, *paro*.
papier, *papero*.

parfait, *perfekta.*
parler, *paroli.*
passer (neutre), *pasi.*
pâté, *pasteĉo.*
pays, *lando.*
pendre (neutre), *pendi.*
perdre, *perdi.*
perdrix, *perdriko.*
père, *patro.*
permettre, *permesi.*
photographier, *fotografi.*
pierre, *ŝtono.*
place, *placo.*
plaindre, *kompati al.*
plaisir, *plezuro.*
plein, *plena.*
pluie, *pluvo,*
plume, *plumo.*
poire, *piro.*
police, *polico.*
pomme, *pomo.*
pont, *ponto.*
porte, *pordo.*
porter, *porti.*
se porter, *farti.*
bien portant, *sana.*
poste, *poŝto.*
pourtant, *do.*
pouvoir, *povi.*
préférer, *preferi.*
prendre, *preni.*
préparer, *prepari.*
présenter, *prezenti.*

prêt, *preta.*
prier, *peti.*
projet, *projekto.*
(se) promener, *promeni.*
promettre, *promesi.*
propre, *pura.*
province, *provinco.*
punir, *puni.*
pur, *pura.*

Q

quand, *kiam.*
quel (quantième), *kioma.*
quelque, *kelka.*

R

raisonnable, *prudenta.*
récompenser, *rekom-
    penci.*
réfléchir, *pripensi.*
remarquer, *rimarki.*
renard, *vulpo.*
rencontrer, *renkonti.*
réparation, *riparo.*
respect, *respekto.*
riche, *riĉa.*
rire, *ridi.*
rivière, *rivero.*
rose, *rozo.*
rouge, *ruĝa.*
rusé, *ruza.*

S

sage, *saĝa.*
sac, *sako.*
salut, *saluto.*
sans cesse, *senĉese.*
semaine, *semajno.*
servir, *servi.*
se servir de, *uzi.*
serviteur, *servisto.*
seulement, *nur.*
société, *societo.*
soupe, *supo.*
souvent, *ofte.*
spécial, *speciala.*
succès, *sukceso.*
sucre, *sukero.*
sur (prép.), *sur.*

T

table, *tablo.*
tasse, *taso.*
temps, *tempo.*
temps (température), *ve-
tero.*
terre, *tero.*
thé, *teo.*
théâtre, *teatro.*
timbre, *marko, signo.*

tomber, *fali.*
toujours, *ĉiam.*
tour, *turo.*
tout, *ĉio.*
très, *tre.*
trouver, *trovi.*

U

utile, *utila.*

V

vacances, *libertempo.*
vengeance, *venĝo.*
venir, *veni.*
verre (à boire), *glaso.*
vertèbre, *vertebro.*
vêtement, *vesto.*
village, *vilaĝo.*
vin, *vino.*
vite, *rapide.*
voici, *jen.*
voir, *vidi.*
voler (oiseau), *flugi.*
volontiers, *volonte.*
vouloir, *voli.*
voyager, *vojaĝi.*

W

wagon, *vagono.*

SECONDE PARTIE

———

Esperanto - Français

———

Dans cette seconde partie ne figurent pas les radicaux espérantistes ressemblant entièrement aux radicaux français, tels que : *adreso, aĉeti, admiri, etc.*

A

akra, aiguisé.
akvo, eau.
almozo, aumône.
alveni, arriver.
ankaŭ, aussi.
aŭdi, entendre.
aŭskulti, écouter.
avo, grand-père.

B

birdo, oiseau.

C

celo, but.

Ĉ

ĉapelo, chapeau.
ĉasi, chasser.
ĉe, chez, auprès de.
ĉiam, toujours.
ĉio, tout.

ĉirkaŭ, autour.
ĉiu, chaque, chacun.

D

da, de.
de, de, depuis.
dika, gros, épais.
do, pourtant.
domo, maison.

E

eĉ, même (adv.).
edzo, mari.
en, dans.

F

fajro, feu.
fali, tomber.
farti, se porter.
feino, fée.
fingro, doigt.
flugi, voler (oiseau).

fluida, fluide, liquide.
for, loin de.
forgesi, oublier.
frago, fraise.

G

glacio, glace.
glaso, verre (à boire).
gliti, glisser.
globeto, bille.
gratuli, féliciter.
greno, blé.

H

havi, avoir.
helpi, aider.
hodiaŭ, aujourd'hui.
hundo, chien.

J

jaro, année.
jen, voici.
jes, oui.

K

kaj, et.
kameno, cheminée.
kastelo, château.
kelka, quelque.
kelo, cave.
kesto, boîte.
kioma, quel (quantième).
kompati al, plaindre, avoir pitié de.

koni, connaître.
korko, bouchon.
kreski, croître.
kruĉo, cruche.
kuiri, cuire.
kun, avec.

L

lando, pays.
lerni, étudier, apprendre.
libertempo, vacances.
ligno, bois.
loĝi, habiter, loger.
longa, long.
longatempe, longtemps.

M

marko, timbre.
miri, s'étonner.
mono, argent (monnaie).
morgaŭ, demain.
multe, beaucoup.

N

najbaro, voisin.
ne, non, ne... pas.
nigra, noir.
nokto, nuit.
nova, nouveau.
nun, maintenant.
nur, seulement.

O

ofte, souvent.
okulo, œil.
oleo, huile.

P

paro, paire.
pasi (neutre), passer.
pasteĉo, pâté.
pendi (neutre), pendre, être suspendu.
perdriko, perdrix.
peti, prier, demander.
peza, pesant, lourd.
piro, poire.
pli... ol..., plus... que...
ne... plu..., ne... plus...
post (prép.), après.
poste (adv.), après.
preĝi, prier (Dieu).
pri, de, au sujet de.
pripensi, réfléchir.
prudenta, sage, raisonnable.
pura, propre.
putra, gâté, corrompu.

R

ringo, anneau.

S

sed, mais.
senĉese, sans cesse.

signo, timbre, marque,
stacidomo, gare.
sufiĉe, assez.
sukero, sucre.

Ŝ

ŝlosi, fermer à clef.
ŝranko, armoire.
ŝtono, pierre.

T

tago, jour.
tasko, devoir.
timi, craindre.
tiu, ce, celui, celui-là.
tiu ĉi, celui-ci.
tre, très.
tuj, aussitôt.

U

uzi, se servir de.

V

varma, chaud.
vetero, temps (température).
vintro, hiver.
vojo, chemin.
vorto, mot.
vulpo, renard.
vundi, blesser.

ERRATA

Page 31, Version, 9ᵉ phrase, lire : *kiun*, au lieu de : *kion*.

— 35, avant-dernière ligne, au lieu de : *se modifier*, lire : *se bonifier*.

— 36, Version, 6ᵉ phrase, lire : *kiom da tempo vi* tie *pasigis*.

— 42, aux exemples, lire : *estus bele, ke...*

estus necese, ke...

Pages 24, 31, 46, supprimer le trait d'union entre *tiu* et *ĉi*.

TABLE DES MATIÈRES

DIJON, IMP. JOBARD

PENSER-AGIR
JOBARD-IMPRIMEUR-DIJON